Wie eine Ausstellung gemacht wird

Doro Globus und Rose Blake

Für Tristan

Wie entsteht eigentlich eine Ausstellung? Es braucht dafür viele Menschen mit ganz verschiedenen Fähigkeiten. Schauen wir uns das mal an!

Das ist Louise. Sie ist Bildhauerin. Sie macht Kunst aus ganz unterschiedlichen Materialien: aus Stein, Marmor, Metall oder Ton.
Manche ihrer Werke sind viel größer als du — andere so klein wie eine Hand!

Und das ist der Maler Sebastian. Er schafft farbenfrohe Bilder aus Formen und Linien und malt auf Leinwände in allen möglichen Größen. Louise ist eine Künstlerin, und Sebastian ist ein Künstler.

Diese beiden Kunstwerke sind abstrakt: Sie bestehen aus Formen und Kanten. Aber sie haben keine Ähnlichkeit mit irgendetwas aus dem echten Leben. Oder vielleicht doch — kannst du etwas erkennen?

So sieht eine Skulptur von Louise aus.

Das ist ein Gemälde von Sebastian.

Künstler arbeiten in Ateliers. Das können völlig verschiedene Räume sein, die auch unterschiedliche Größen haben. Louise lebt in einer großen Stadt und ihr Atelier liegt in einer alten Spielzeugfabrik.

Sebastian lebt auf dem Land und sein Atelier ist Teil seines Hauses.

So sieht Louises Atelier von innen aus. Sie hat viele Assistenten, die ihr dabei helfen ihre Skulpturen herzustellen. Hier ist viel los und jeder muss sehr vorsichtig arbeiten.

Künstler finden oft bei Dingen, die sie besonders mögen, Ideen für ihre Kunstwerke. Louise mag Dinosaurier, Muscheln, alte Kunst, Masken und Kekse.

Sebastian mag Süßigkeiten, Blumen, Ägypten, Tiere und bunte Decken.

Federball

Alle Sorten Lakritz

BACH MASS IN B MINOR

Paradiesvogel

Griechische Vasen

Bunte Decken

Kakao

RUMI SELECTED POEMS

apartamento

Turnschuhe

Liniertes Papier

Louise beobachtet eine kleine Schnecke.

Künstler zu sein bedeutet, die Welt mit etwas anderen Augen zu sehen. Louise sieht überall Formen.

Aus einem Steinbruch wird ein großer Steinblock geliefert.

Mit einem Meißel arbeitet Louise an ihrer Skulptur.

Mit einem Bleistift zeichnet sie die Schnecke und löst sie allmählich in einzelne Formen auf.

In der Natur findet sie alle möglichen Formen, wie Kreise, Wirbel oder Linien. Und sie macht etwas völlig Neues daraus.

Ihr Assistent glättet die rauen Kanten.

Sebastian findet bei einem Spaziergang neue Bildideen.

Am Computer macht er Skizzen.

Auch Sebastian betrachtet die Welt um sich herum mit eigenen Augen. Am liebsten untersucht er das Aufeinandertreffen von Farben. Überall, wo er hingeht, macht er schnelle Skizzen. Sobald er in sein Atelier zurückkommt, zerlegt er das, was er gesehen hat, in kleinere Bilder und schafft so neue Formen.

Er malt Studien von Details auf kleinen Leinwänden.

Hier siehst du Sara und Tom. Ihre Aufgabe ist es, die Kunstwerke sorgfältig zu verpacken. Damit sie auf der Reise ins Museum nicht kaputtgehen, verwenden sie große Holzkisten, ganz viel weichen Schaumstoff und Metallklammern. Sie bereiten Louises Skulpturen und Sebastians Gemälde für den Transport ins Museum vor. Ihr Beruf heißt „Art Handler" – das ist Englisch und bedeutet Kunsttechniker.

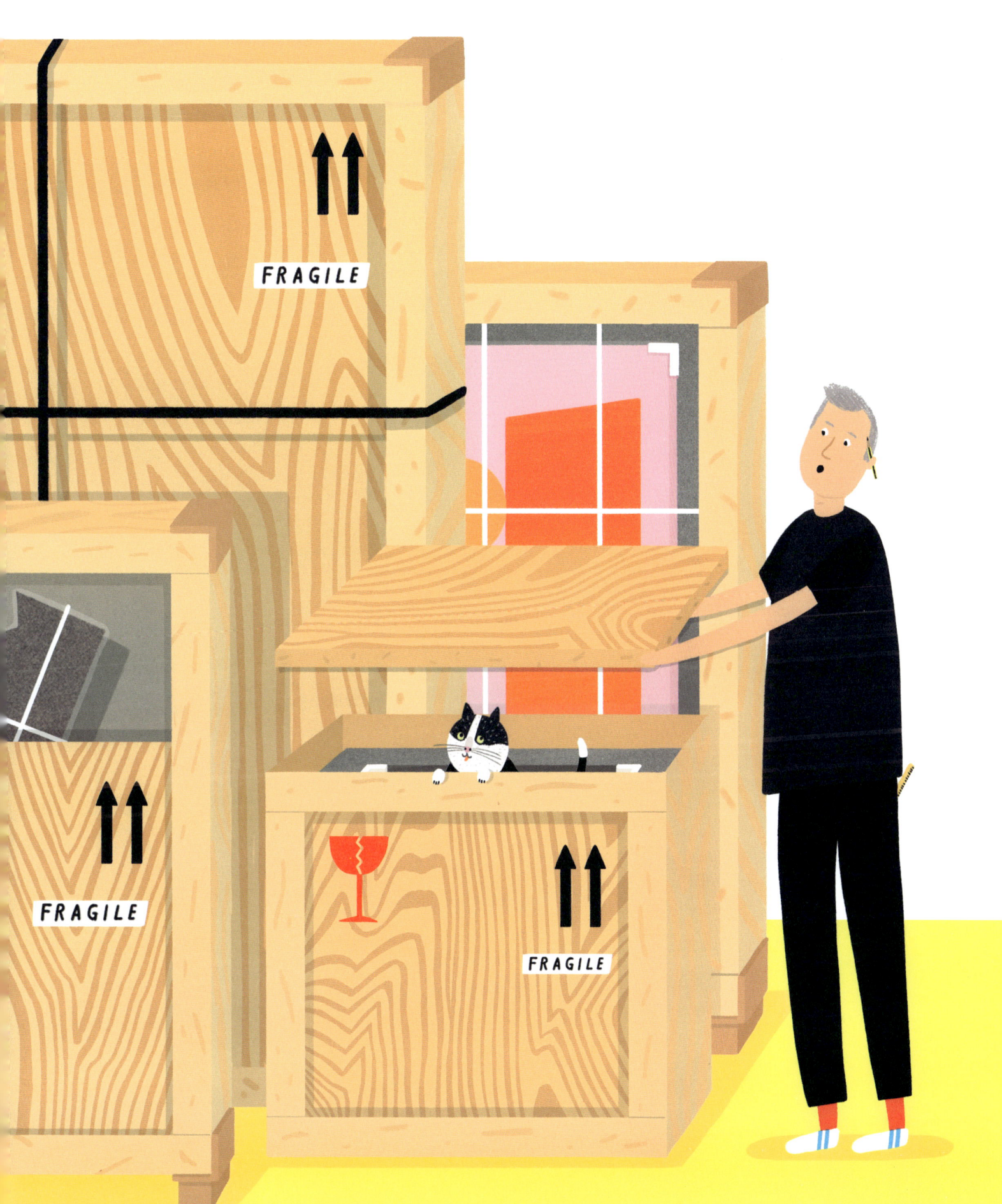

Endlich! Nach einer langen Reise und vielen Wochen unterwegs treffen die Skulpturen und Gemälde im Museum ein. Alle freuen sich auf die Arbeit an der großen Ausstellung.

Das ist Paul. Er ist ein Kurator. Seine Aufgabe ist es, auszuwählen, welche Kunstwerke ins Museum kommen und wo jedes Werk ausgestellt werden soll. Paul bereitet die Ausstellung von Louise und Sebastian vor.

Er hat ein Modell mit Miniaturversionen von allen Kunstwerken gebaut. So kann er entscheiden, wo jede Arbeit gezeigt werden soll. Es sieht aus wie in einem Puppenhaus.

Um eine große Ausstellung zu machen braucht es viele Menschen:

Museumsdirektor
„Ich bin für das ganze Museum zuständig."

Art Handler
„Du findest mich beim Aufbau der Kunstwerke in der Ausstellung."

Registrar
„Ich behalte den Überblick über den Transport der Kunstwerke."

Veranstaltungsmanagerin
„Ich sorge dafür, dass alle Abendessen und Parties Spaß machen."

Archivar
„Ich bewahre alles auf, damit Leute es sich auch in Zukunft noch anschauen können."

Leiter Sponsoring
„Ich helfe dem Museum, Geld für die Ausstellung zu sammeln."

Restaurator
„Ich repariere an den Kunstwerken vorsichtig alles, das beschädigt worden sein könnte."

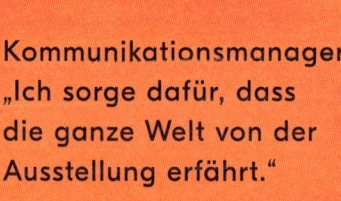

Kommunikationsmanagerin
„Ich sorge dafür, dass die ganze Welt von der Ausstellung erfährt."

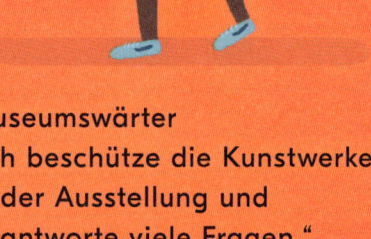

Museumswärter
„Ich beschütze die Kunstwerke in der Ausstellung und beantworte viele Fragen."

Kunstvermittlerin
„Ich denke mir lustige Dinge aus, um den Leuten alles über Kunst beizubringen."

Licht

Maßband

Wasserwaage

Hier arbeiten Isabel und Liam vom Aufbauteam. Sie hängen die Gemälde an die Wand und platzieren die Skulpturen. Dabei müssen sie sehr, sehr vorsichtig sein.

Besuch bei den Grafikerinnen, die alle Teile des Buches zusammenbringen.

Das ist Dorothee. Sie ist eine Herausgeberin für Bücher über Künstler und Ausstellungen.

Sicherstellen, dass in den Texten keine Fehler sind.

Überprüfen, dass die Farben im Buch denen der echten Kunstwerke gleichen.

Der Druck des Buches mit einer sehr, sehr großen Maschine.

Das Buch kommt rechtzeitig zur Ausstellungseröffnung an.

Bücher werden zu einer Ausstellung gemacht, damit alle die Kunst in Abbildungen mit nach Hause nehmen können. Viele Menschen arbeiten an einer Buchproduktion mit.

Nachdem die Gemälde aufgehängt und die Skulpturen an den richtigen Platz gestellt worden sind, treffen Louise und Sebastian den Kurator Paul. Gemeinsam schauen sie sich in der Ausstellung um. Bis zur Eröffnung gibt es noch eine Menge Kleinigkeiten zu erledigen.

Von den Künstlern wird ein Foto gemacht.

Unter den Bildern werden Beschriftungen angebracht.

Am Eröffnungsabend darf gefeiert werden. Die Ausstellung ist zum ersten Mal geöffnet, Familien und Freunde kommen zu Besuch. Nach einem Rundgang durch das Museum genießen die Künstler und alle, die an der Ausstellung mitgearbeitet haben, ein fröhliches und ganz besonderes Abendessen.

Viele Menschen — jung bis alt — kommen ins Museum, um die Kunstwerke zu sehen. Sie überlegen, wie die Werke gemacht wurden, was die Künstler inspirierte oder was sie da überhaupt vor sich sehen. Eine große Ausstellung braucht vor allem dich als Besucher oder Besucherin.

Wie eine Ausstellung gemacht wird
von Doro Globus und Rose Blake

Erschienen im
Hatje Cantz Verlag GmbH
Mommsenstraße 27
10629 Berlin
www.hatjecantz.de
Ein Unternehmen der Ganske Verlagsgruppe

Gestaltung: A Practice for Everyday Life, London
Übersetzung und Lektorat: Valerie Hortolani, Hatje Cantz
Satz: Hilde Knauer, Köln
Lithographie: VeronaLibri, Verona
Gesamtherstellung: VeronaLibri, Verona

Schrift: Alwa Display und GT Eesti Display
Papier: Magno Natural, 170 g/m²

© 2021 für die deutsche Ausgabe: Hatje Cantz, Berlin
© 2021 für Text und Illustrationen: Doro Globus und Rose Blake

2. Auflage 2022

Zuerst erschienen in Englisch 2021 bei David Zwirner Books

ISBN 978-3-7757-5107-0

Printed in Italy

Dieses Buch wäre nicht möglich gewesen ohne das Drängen von Tristan, der jeden Tag um ein Kinderbuch für ihn bat. Als Töchter eines Künstlers und einer Kuratorin in der Kunstwelt aufgewachsen, danken wir unseren Eltern, dass sie uns immer zur Kreativität ermutigt haben. Vielen Dank an David und Lucas Zwirner für die Unterstützung unserer Idee, die Kunst mit Kindern zu teilen. Dank an Roger Thorp für seinen Rat sowie an die großartige Gruppe von Frauen, die das alles zusammengebracht hat: Kirsty Carter, Joanna Rutter und Emma Thomas von *A Practice for Everyday Life*, Jules Thomson und das Team von VeronaLibri für die wunderbare Produktion, Anne Wehr, Elizabeth Gordon, Molly Stein, Susan Cernek, Sara Chan, Nicola von Velsen, Giovanna Ballin, Britta Nelson, Kelly Reynolds und Andrea Burnett für ihre Adleraugen und ihren Zuspruch, sowie an alle unsere Freunde, Familien und Kolleginnen und Kollegen, die das Buch für uns getestet haben.